NAMIBIA
‹ Schönes Land ›

NAMIBIA

◄ Schönes Land ►

Text von David Bristow

STRUIK

Struik Publishers (eine Geschäftsabteilung von The Struik Group (Pty) Ltd)
Struik House
Oswald Pirow Street
Foreshore
Kapstadt
8001
Register Nr. 80/02842/07

Erstausgabe 1990

Text © David Bristow
Übersetzung ins Deutsche: Gudrun Grapow

PHOTOGRAPHEN, DIE AN DIESEM TEXT MITARBEITETEN:
Mark van Aardt: Seite 6/7, 10/11, 16 (oben & unten), 17 (oben), 18 (oben & unten), 19 (oben), 20 (Mitte & unten), 21 (oben & Mitte), 24, 26 (oben & unten), 28, 29, 36/37, 38, 43, 44, 46 (oben), 47, 48, 49 (oben), 52 (unten), 55 (unten), 60 (oben), 62, 78, 79 (oben & unten)
Peter Pickford: Umschlag, Seite 1, 2/3, 5, 20 (oben), 21 (unten), 25 (oben & unten), 39, 40/41, 49 (unten), 50/51, 52 (oben), 53, 56/57, 58, 60 (unten), 61, 63 (unten), 64, 65 (oben & unten), 66, 67, 68, 69, 70, 71, 72/73, 74, 75, 76/77, 80
Walter Knirr: Seite 8/9, 12/13, 22/23, 31, 32/33, 35, 42, 54, 55 (oben)
Gerald Cubitt: Seite 30, 34, 46 (unten)
Keith Young: Seite 17 (unten), 59
Anglo American Corporation of South Africa Limited: Seite 19 (Mitte & unten)
David Bristow: Seite 18 (Mitte)
Hu Berry: Seite 63 (oben)

Layout : Joan Sutton Design Studio c.c.
Photosatz : Hirt & Carter (Pty) Ltd, Kapstadt
Lithographische Reproduktion : Unifoto (Pty) Ltd, Kapstadt
Druck und Einband : National Book Printers, Goodwood

PN 18089

ISBN 1 86825 071 7

FRONTISPIZ *Die Fuchsmanguste kommt mit Ausnahme der ödesten Wüstengebiete fast überall in Namibia vor.*

VORHERIGE SEITE *Verständlicherweise gehören Giraffen zu den auffälligsten Tieren der sonst einförmigen Ebenen des Etoscha-Nationalparks.*

GEGENÜBER *Der Löwe, der "König der Tiere", ist von Natur aus träge und überläßt lieber den Löwinnen die Anstrengungen der Jagd. Begibt er sich jedoch auf die Pirsch, wirken seine Kraft und seine Aggressivität mehr als einschüchternd.*

UMSEITIG *Obwohl die Mineralquellen von Ai-Ais zum Trinkgebrauch ungeeignet sind, schwören viele auf die dortigen Heilbäder. Da die Temperatur des aus der Erde hervorsprudelnden Wassers 66 °C beträgt, kühlt man es in Teichen ab.*

SEITE 8 u. 9 *Die Oryxantilope, das Nationaltier Namibias, schmückt auch das heutige Landeswappen. Zwar ist im Zuge der neuesten politischen Entwicklungen auch eine Veränderung der Wahrzeichen vorauszusehen, die Oryxantilope bleibt jedoch weiterhin das Symbol der ausgedehnten, ariden Schutzgebiete des Landes.*

SEITE 10 u. 11 *In Afrika verbirgt gewöhnlich auch der zarteste Trieb einen Dorn. Die nach seltenen Niederschlägen emporsprießenden, gelbblühenden Pflänzchen verbreiten bald dreistachelige "Morgensterne".*

SEITE 12 u. 13 *Zwischen dem Sandmeer der Namib, das sich an die Küste schmiegt, und den weniger ariden Gebirgen der Randnamib erstrecken sich mit Schutt bedeckte, öde Flächen. Auch wenn das Gebiet recht wild und unerbittlich wirkt, reagiert sein Ökosystem empfindlich auf die kleinste Störung. Glücklicherweise beschirmen Schutzgebiete den größten Teil der Wüste. Die Ausstattung der Campingplätze, wie hier bei Sesriem, beschränkt sich auf das Notwendigste.*

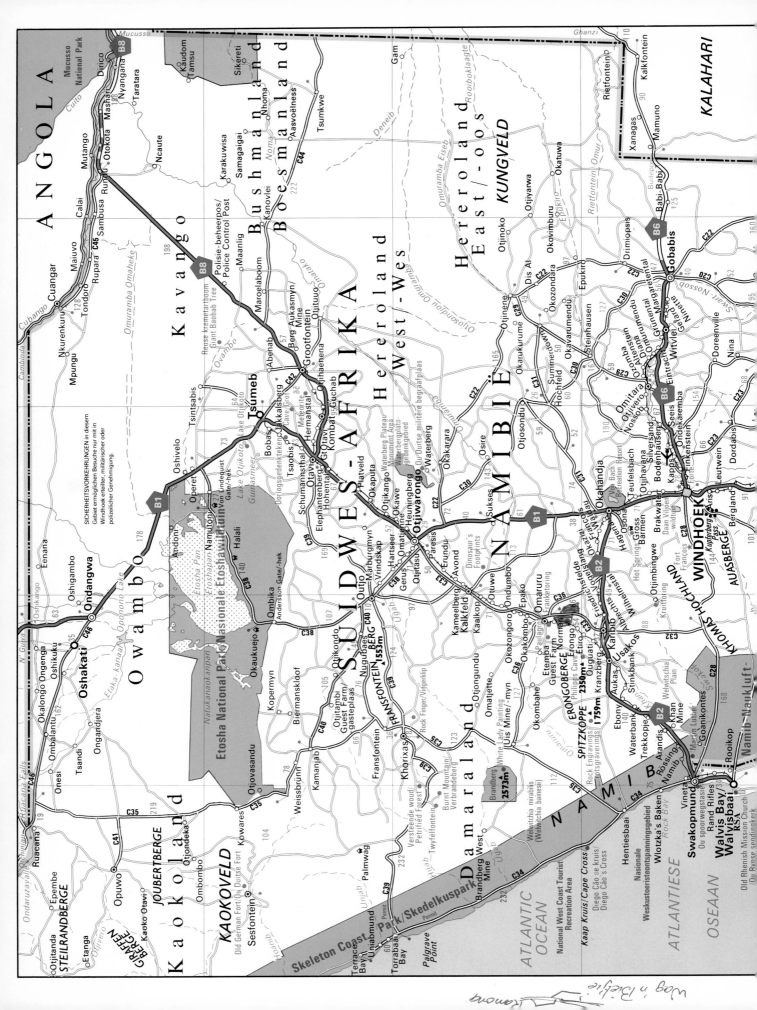

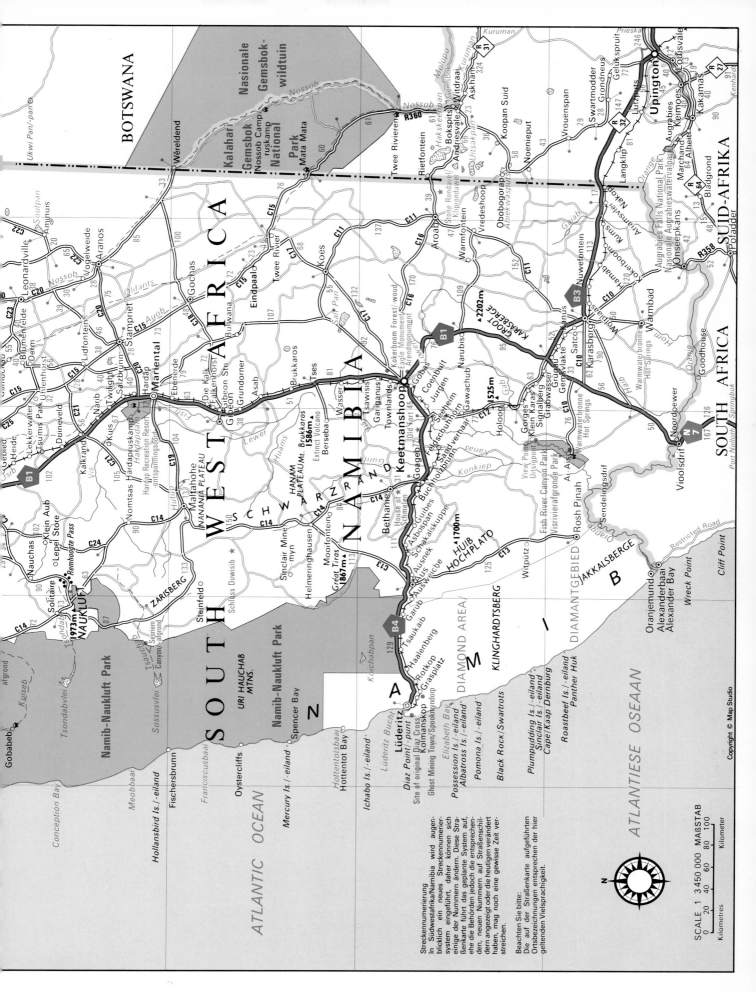

BOTSWANA

Ukwi Pan-/-pan

Nasionale
Gemsbok-
wildtuin

Kalahari
Gemsbok
National
Park

Wêreldend

Nossob Camp
/ruskamp

Mata Mata

Nossob

Kuruman

R 31

Swartmodder
Gelukspruit
Louisvale
246

Upington
Grondneus
45
72
Geluksput
147
R 27
Keimoes
91
Kakamas
40
90
Kenhardt

SUID-AFRIKA
Pofadder

Augrabies Falls National Park
Nasionale Augrabieswatervalpark

Onseepkans

R358

Goodhouse

SOUTH AFRICA
Port Nolloth Springbok

Vioolsdrif

N 7
167 126

Noordoewer

ATLANTIESE OSEAAN

Copyright © Map Studio

SCALE 1 3 450 000 MAßSTAB
0 20 40 60 80 100
Kilometres   Kilometer

Streckennumerierung
In Südwestafrika/Namibia wird augen-
blicklich ein neues Streckennumerier-
system eingeführt, daher können sich
einige der Nummern ändern. Diese Straßenkarte führt das geplante System auf,
ehe die Behörden jedoch die entsprechenden, neuen Nummern auf Straßenschil-
dern angezeigt oder die heutigen verändert
haben, mag noch eine gewisse Zeit ver-
streichen.

Beachten Sie bitte:
Die auf der Straßenkarte aufgeführten
Ortsbezeichnungen entsprechen der hier
geltenden Vielsprachigkeit.

SOUTH WEST AFRICA

NAMIBIA

SCHWARZRAND

Namib-Naukluft Park

ATLANTIC OCEAN

DIAMOND AREA

DIAMANTGEBIED

NAMIB

EINLEITUNG

SPRICHT MAN VON DER GRÖßE NAMIBIAS, denkt man eher an seine Erhabenheit, weniger an die wirklichen geographischen Verhältnisse, obwohl eine Gesamtfläche von 800 000 Quadratkilometern nicht gerade klein ist. Dieses Land scheint bloß aus gewaltigen, offenen Flächen zu bestehen, in denen surreale Landschaften vorherrschen. Mit Ausnahme der Sümpfe und Seen des Caprivizipfels im fernen Nordwesten gilt Namibia als Trockengebiet, in dessen Flußbetten man eher fließenden Sand als fließendes Wasser entdeckt. Die Bewohner dieser ariden Landschaft führen ein hartes Leben, doch auf Strapazen gut vorbereitete Besucher erwartet ungeahnte Schönheit und Erhabenheit. Selbst in den unwirtlichsten Landstrichen kommt viel Wild vor, auch kleineres Getier und bizarre Pflanzen, die sich den unfreundlichen Bedingungen angepaßt haben.

Die geographische Karte Namibias zeichnet sich durch drei Merkmale aus: die Küstenebene, die Große Randstufe, sowie das Plateau im Inland. Die gesamte Küstenebene erstreckt sich in einer vom Sand und Himmel beherrschten Welt als Wüste und Halbwüste bis zu einer Breite von ungefähr 100 Kilometern. Eine Bergkette und eine Reihe topographischer Stufen grenzen dieses Gebiet vom inneren Plateau mit seiner zwar ariden, doch verhältnismäßig fruchtbaren Busch- und Baumsavanne ab.

Ungefähr in der Landesmitte ist die Hauptstadt Windhoek mit ihren reichlich 100 000 Einwohnern gelegen. Obwohl es nicht sehr groß ist, mutet Windhoek weltstädtisch an. Hier wechselt sich die deutsche Architektur des neunzehnten mit Bürohäusern des zwanzigsten Jahrhunderts ab, und die leuchtendbunte, von Hererofrauen bevorzugte Kleidung vermischt sich mit den etwas schlichteren Anzügen der hiesigen Geschäftsleute.

Fast 300 Kilometer westlich von Windhoek liegt Swakopmund. Eine Riesenhand scheint dieses Städtchen vorsichtig aus Bayern entfernt zu haben, um es zum Spaß an der öden Namibiaküste abzusetzen. Die Straße zwischen Windhoek und Swakopmund nimmt gleichzeitig eine für den Touristen wichtige Halbierung des Landes vor. Als bedeutendste Sehenswürdigkeit Südnamibias gilt die Namib, die größtenteils im Schutze des Namib-Naukluft-Parks liegt. Im Süden des Parks dehnt sich bis zum Oranje das Sperrgebiet aus, das man wegen der dortigen Diamantfunde nicht betreten darf; im Norden reicht der Skelettküsten-Park bis an die angolanische Grenze.

Der jährliche Niederschlag von weniger als 25 Millimetern in der trockensten und ältesten Wüste der Welt, der Namib, fällt vorwiegend während kurzer Wolkenbrüche. Manchen Strichen bleibt das belebende, erfrischende Labsal jahrzehntelang vorenthalten, wenn es dann aber regnet, scheinen die schnell hervorsprießenden, silbernen Gräser, einer Puderquaste gleich, dem zerklüfteten, verschrumpelten Antlitz der Landschaft ein weicheres Ansehen zu verleihen. Trotz der spärlichen Vegetation fällt die vielfältige Fauna auf.

Die ariden klimatischen Bedingungen rühren vom kalten Benguellastrom an der Westküste des Kontinents her. Seit Jahrmillionen wallt die an Nährstoffen reiche, eisige Polarströmung von der Antarktis am Boden des Atlantischen Ozeans entlang, bis sie der afrikanische Festlandsockel an die Oberfläche zwingt. Die daraus erfolgende niedrige Oberflächentemperatur verhindert die Wolkenbildung, deshalb sind die kühlen Küstenwinde nicht imstande, den Durst des Landes zu löschen. Dort, wo jedoch die Luftmasse von der eisigen See auf die des brütenden Landes prallt, schlägt sich die Luftfeuchtigkeit in dichten Nebelbänken nieder, die über Dünen und kieselbedeckte Flächen vom Seewind bis zu 50 Kilometer weit ins Inland getragen werden.

GANZ OBEN *Das Einkaufszentrum Kaiserkrone in Windhoek bietet dem Kunden eine Auswahl, die von ethnischen Kuriositäten bis zu den Bedürfnissen des modernen Großstadtlebens reicht.*
OBEN *Die ersten Siedler der heutigen Landeshauptstadt Windhoek waren die Orlam, ein Clan der Nama unter Häuptling Jonker Afrikaner. Den Namen verdankt die Stadt Jonkers Geburtsort, den Winterhoekbergen im Kapland. Die Orlam, die von den Khoi-Khoin abstammten, entzogen sich um 1840 durch ihre Flucht der europäischen Kolonisation. Dank seiner günstigen Lage und der fruchtbaren Umgebung entwickelte sich Windhoek bald zum Handelszentrum.*

Die meisten Besucher wählen beim Erforschen der Wüste Swakopmund zum Ausgangspunkt. Von hier führt ein Tagesausflug über den Namib Welwitschia Nature Drive kreuz und quer durch den trockenen Swakop River und die zerklüfteten, ihn umgebenden Hügel. Nachdem man die außerirdische "Mondlandschaft" um das Swakoptal verlassen hat, führt die Straße auf eine ausgedehnte, kiesbedeckte Fläche und hier, in dieser verlassenen, windgepeitschten Unendlichkeit ist der Boden von zerknittert wirkenden Welwitschias (*Welwitschia mirabilis*) übersät, die eine lebende Übergangsform zwischen zapfentragenden und blühenden Pflanzen darstellen. Die größeren Exemplare, die über 1,5 Meter hoch sein können, sind weit über 1 000 Jahre alt, während man die ältesten Pflanzen auf das doppelte Alter schätzt.

Ebenso lohnenswert ist ein Tagesausflug von Swakopmund nach Sandwich-Hafen, einem Vogelparadies. Im Bereich dieser ungewöhnlichen Küstenlagune spielen Gezeiten und Süßwasser eine Rolle, da hier der unterirdisch fließende Kuiseb an den Strand sickert und somit Flamingos, Pelikanen, Seeschwalben, Säbelschnäblern, Zwergrohrdommeln und Enten den idealen Standort bietet.

Der Kuiseb zählt zu den wichtigsten, die Namib durchschneidenden, fließenden Gewässern. Obwohl der Trockenfluß meistens kein Wasser führt, fließt dieses doch unentwegt unterirdisch fort, so daß in schattigen Schluchten große Bäume gedeihen können und sich im Flußbett, abgesehen von den schlimmsten Dürreperioden, immer Tümpel bilden.

Der Kuiseb führt in jedem Jahrzehnt nur ein- bis zweimal Wasser und erreicht auch die Küste bei Walvis Bay nur selten. Dies geschah das letzte Mal vor 50 Jahren, doch besteht kein Zweifel, daß er irgendwann in der Zukunft wieder einmal dorthin gelangen wird.

Ungefähr 100 Kilometer südlich des Kuisebs ragen bei Sossusvlei die höchsten Dünen der Welt empor, deren geschwungene Kämme an sich windende Schlangenleiber erinnern. Die sichelförmig miteinander verbundenen Dünen schließen den Tauchab River ein, der bei seiner unregelmäßigen Wasserführung schnell in der Sonnenhitze verdunstet.

Dank ihres hohen Alters beheimatet die Namib eine erstaunliche Anzahl von Lebewesen, die sich dieser äußerst unwirtlichen Umwelt anpassen konnten. Viele Käfer und anderes kleines Getier des "Sandmeers", wie Maulwürfe und Mäuse, Eidechsen und Schlangen, schwimmen förmlich durch die Dünen. An der Oberfläche mißt man am Mittag bis zu 70 °C, während die Nachttemperaturen unter dem Nullpunkt liegen, und diese Tierchen vermögen ihre Körpertemperatur aufrechtzuerhalten, indem sie sich innerhalb der Sandmasse aufwärts oder abwärts bewegen.

Kaum über 200 Kilometer südlich des Sossusvleis liegt Lüderitzbucht, ein fast vergessenes Städtchen, das aus der ersten, ständigen, von Europäern erstellten Siedlung Namibias hervorging. Von Keetmanshoop führt die Straße durch eine gottverlassene Gegend, durch die sich einst Ochsenwagen schlagen mußten, um die von der Wüste umgebene Hafenstadt, die sich am Ende der Welt zu befinden scheint, mit Wasser zu versorgen. In der Nähe liegt das inzwischen zur Geisterstadt gewordene und an den Diamantrausch erinnernde Kolmanskop, das der Wüstensand aus allen Richtungen belagert.

Die größte Sehenswürdigkeit im Süden des Landes ist der Fischfluß-Cañon, dem beim Vergleich mit anderen imposanten Engtälern der Welt nur der Grand Cañon Colorados den Rang streitig macht. Von einem Aussichtspunkt am nördlichen Ende des Cañons windet sich ein Wanderpfad einen Kilometer lang senkrecht an waagerecht gelagerten Schichten aus Sandstein, Schiefer und Kalkstein vorbei, um endlich das Flußbett zu erreichen. Von hier aus dauert es drei Tage, bis man zu den Mineralbädern von Ai-Ais gelangt (der Name bedeutet "Wasserstelle der großen Hitze"), das am südlichen Eingang des Hauptcañons gelegen ist.

GANZ OBEN *Deutsche Missionare zählten zu den ersten Europäern, die sich nördlich des Oranje ansiedelten. Überall gründeten sie zur Bekehrung der Einheimischen Missionsstationen. Viele der evangelischen Kirchen Namibias, wie Windhoeks imposante Christuskirche, verdanken ihnen ihre Entstehung.*
OBEN *Die verschiedenen Hererostämme schmücken sich gern. Die Hererofrauen des größten Stammes in der Landesmitte wandelten für ihre Tracht die viktorianische Mode der Missionarsfrauen ab.*

"Land der Kontraste" ist eine oft gehörte, auf Namibia zutreffende Beschreibung, doch gilt sie vor allem für den Norden des Landes, der von der ariden Namib bis zu den bewaldeten Flußufern der Sumpfgebiete in Caprivi landschaftlich besonders viel bietet. Auf die Skelettküste mit ihren zerschellten Wracks folgen landeinwärts die brütenden, kiesigen Flächen der Wüste, darauf die zerklüfteten, glänzenden Berge des Kaokovelds. Jenseits des Gebirges dehnt sich das Land in die Sandflächen und Schwemmebenen des Ovambolandes aus. Als der Forschungsreisende Charles Andersson vor einem Jahrhundert dieses Gebiet erkundete, war es mit dichten Mopanewäldern bestanden, und Palmen säumten seine Pfannen. Die Überbelastung der Weide und das Abholzen der Wälder führte jedoch dazu, daß es heutzutage eher der es umgebenden Wüste als einer "Oase" gleicht, von der Andersson schwärmte.

Zwischen dieser Landschaft und Windhoek befindet sich das Damaraland, das aus Wüste, Halbwüste und arider Savanne besteht. Die Halbwüste, die sich zwischen die Namib und landwirtschaftliche Betriebe schiebt, bietet den sich ständig verkleinernden Herden des Spitzmaulnashorns und der Elefanten eine letzte Zuflucht. In der Grenzfläche zwischen Damara- und Ovamboland breitet sich der Etoscha-Nationalpark aus, der Stolz des Landes und das beliebteste Reiseziel zugleich.

In Afrika gibt es nur noch wenige Stellen, wo man sich so am Wildreichtum erfreuen kann, wie in Etoscha: riesige Springbock- und Zebraherden, Oryxantilopen und Giraffen, ein außergewöhnlicher Löwenbestand, Elefantenherden und Spitzmaulnashörner kommen hier vor. Selbst bei der oberflächlichsten Betrachtung können einen die Gabelracken, Riesen- und Gackeltrappen, die Adler und Strauße, die Schwarzstirn-Buschwürger, die Kuh- und Goliathreiher, sowie die Flamingos in Erstaunen versetzen. Während der Trockenzeit sammelt sich das Wild an den Pfannen und kann so bequem belauscht werden, zur Regenzeit ist der Wildpark jedoch geschlossen, nicht nur, weil die Malaria grassiert, sondern auch, weil das ganze Gebiet dann überschwemmt ist. Geschieht dies, wird die riesige Salzpfanne für den Zwergflamingo und den Flamingo zur bedeutendsten Brutstätte des südlichen Afrikas.

Das flache, lauwarme Gewässer hält sich in diesem trockenen Klima nie lange, und wenn es gänzlich verdunstet ist, bleibt eine glatte Salzschicht zurück. Unter den sengenden Strahlen der brütenden Mittagssonne liegt die Pfanne da, nur das schrille Zirpen der Singzikaden hallt durch die Stille. Schillernde Luftspiegelungen zittern über der Fläche, ihnen soll Etoscha seinen Namen, d.h. "Ort der Fata Morgana" verdanken, obwohl andere meinen, es hieße "Ort des trockenen Wassers".

Namutoni, das nördlichste Rastlager Etoschas, wurde während der deutschen Kolonialzeit als Fort gegen die Ovambokrieger erbaut. 1904 wurde die kleine, das Fort besetzende Garnison von einem übermächtigen Ovamboheer angegriffen. Die Ovambo plünderten das Fort und ließen es

GANZ OBEN *Das Woermannhaus wurde 1894 in Swakopmund erbaut und dient als vorzügliches Beispiel des deutschen Kolonialbaustils. In dèm hübschen Städtchen Swakopmund blieb die deutsche Lebensweise in vieler Hinsicht erhalten.*
MITTE *Die kurzlebige Blüte Kolmanskops verschüttet der Sand immer mehr. Hier entdeckte man 1908 die ersten Diamanten des Landes, doch nach zwei Jahrzehnten war der Traum*

vorbei, und man überließ den einst geschäftigen Ort seinem Schicksal.
UNTEN *Lüderitzbucht, die erste europäische Stadt in Deutsch-Südwestafrika, gründeten Kaufleute. Von hier aus kolonisierte man das gesamte Land. In rascher Folge lernte die Stadt Blüte und Zusammenbruch kennen, die wirtschaftliche Flaute legte sie und ihren Hafen still, so daß nur noch der Reiseverkehr Hoffnung verspricht.*

18

darauf in Flammen aufgehen. Namutoni wurde jedoch bald von stärkeren deutschen Streitkräften zurückerobert und erstand abermals in seiner heutigen Gestalt. Jetzt dient die zinnengeschmückte Festung als Hauptquartier im Kampfe des Menschen gegen Wilddiebe, die aus Geldgier ihre automatischen Gewehre auf den verbliebenen, geringen Elefanten- und Nashornbestand des Landes richten.

Wendet man sich von Etoscha nach Nordosten, überquert man das eintönig flache Kavango-Gebiet, das nur eine schlammige oder sandige Fahrspur (die Beschaffenheit der Spur hängt von der Jahreszeit ab) mit dem 500 Kilometer entlegenen Caprivizipfel verbindet. Hier wähnt man sich am Okawango-Delta Botswanas, und der Zipfel gehört tatsächlich auch zu dem Einzugsgebiet des Deltas. Als Reiseziel ist der Caprivizipfel weniger bekannt, da er nicht nur schwer zu erreichen ist, sondern Besuchern auch keine Annehmlichkeiten bietet.

Gerade dank ihrer Unwirtlichkeit blieb in Namibia die Wildnis an vielen Stellen so lange erhalten. Die rauhen, in der Wüste geltenden Bedingungen, sowie die Unerreichbarkeit der Sumpfgebiete wirken auf jeden, der seine Bequemlichkeit liebt, abschreckend. Vermutlich war 1485 der portugiesische Seefahrer Diego Cão der erste Weiße, der den Sand Namibias betrat und am heutigen Kreuzkap ein *padrão* (Steinkreuz) errichtete. Cãos Fahrt zählte zu den zahlreichen portugiesischen "Entdeckungsreisen", d.h. Versuchen, den Seeweg nach Indien zu finden.

Die ersten Jäger-Sammler, die hier lebten, waren jedoch kleine Gruppen der San. Jahrtausendelang ernährten sie sich von dem, was ihnen die Natur bot und folgten den Wildherden, deren Wanderungen wiederum von periodischen Niederschlägen bedingt waren. Da sie sich nie stark vermehrt hatten, konnten die San ohne weiteres vertrieben werden, als vor der Ankunft der Weißen negroide Hirten und Bauern, die Ovambo und Kavango, aus Zentralafrika einzudringen begannen.

Solange das Land nicht übervölkert war und es genügend fruchtbaren Boden gab, konnte jeder das bequeme, ländliche Dasein genießen. Eine weitere Einwandererwelle, die Herero, stammte von den zentralafrikanischen Seen. Sie wandten sich nach Westen, bis sie in das zwar unbewohnte, doch öde Kaokoveld gelangten, das sie eine Zeitlang besiedelten. Um die Mitte des achtzehnten Jahrhunderts zog der Hauptteil der Herero in die fruchtbaren Weidegebiete des Plateaus im Südosten. Die verarmten Nebenlinien, wie die Himba und Tjimba, blieben in der Wüstenei des Kaokovelds zurück, wo sie bis zum heutigen Tag leben.

Im frühen 19. Jahrhundert entzog sich ein Nama-Clan der holländischen Vorherrschaft am fernen Kap im Süden und siedelte an einer starken, perennierenden Quelle in der Mitte des heutigen Namibias. Ihr Anführer, Jonker Afrikaner, benannte die Stelle nach seinem Geburtsort am Kap, den Winterhoekbergen. Dank seiner günstigen Lage, zuverlässigen Quelle und hübschen Umgebung wurde diese Siedlung bald zum bedeutenden Handelszentrum. Zu dem Zeitpunkt erfreuten sich weiße Großwildjäger

GANZ OBEN *Diamanten findet man noch immer in großen Mengen an Namibias Diamantküste, dem sogenannten Sperrgebiet. Im Atomzeitalter zählen aber eher die wertvollen Uranablagerungen des Landes zu seinen wirklichen Schätzen. Diese Urankristalle förderte man im Tagebau bei Rössing.*
MITTE *Der wöchentliche Ertrag der Consolidated Diamond Mines (CDM).*

UNTEN *Der abgebildete Ovambo ist Angestellter der CDM. Die Diamantbergwerke zählen zu den bedeutendsten Arbeitgebern ausgebildeter und angelernter Arbeitskräfte. Hier werden dank eines komplizierten Verfahrens ungefähr 70 Millionen Tonnen Sand im Jahr entfernt, damit man an die ungefähr 14 Meter unter dem Meeresspiegel auf Grundgestein abgelagerten Diamanten gelangen kann.*

und Händler bereits eines blühenden Geschäfts mit Elfenbein, Tierfellen, getrocknetem Fleisch, Straußenfedern und Rindern, die sie vornehmlich gegen Waffen und Alkohol eintauschten. Heutzutage kennen wir Afrikaners Zufluchtsstätte unter dem Namen Windhoek, der Landeshauptstadt und einzigen Großstadt. In einem vorwiegend ariden Land war es ein von allen begehrter Ort, und da der Landhunger der Stämme im Süden und Norden zunahm, waren Konflikte unvermeidlich.

Nach 1840 waren die verschiedenen Stämme der Nama und Herero in zahlreiche schreckliche Kriege verwickelt, deren Grausamkeit und Rachsucht keine Grenzen kannten. Diese Fehden dauerten über 50 Jahre lang und rissen die frühen weißen Händler, darauf Missionare und später, als das Gebiet 1884 zur Kolonie wurde, deutsche Truppen in ihren Sog.

Bis dahin hatten wenige Europäer es gewagt, sich in diesem herben Land anzusiedeln. Ein Jahrhundert davor hatten sich amerikanische und englische Walfangflotten und Robbenjäger der natürlichen Häfen Walvis Bay und Sandwich Bay bedient. 1793 annektierten die Holländer alle bedeutenden Buchten an der Küste, um das Eingreifen anderer Mächte zu verhindern. Als die Engländer zwei Jahre später die Kapkolonie übernahmen, hißten sie in all diesen Häfen die Union Jack.

Zu den ersten Europäern, die von der Kapkolonie aus den Oranje überquerten, zählten deutsche Missionare der Rheinischen Missionsgesellschaft, die im ganzen Land Missionsstationen gründete. Es gelang den Missionaren, die meisten Nama zu bekehren, da diese bereits enge kulturelle Bande an die Holländisch-Calvinistische Kirche am Kap kettete. Die Herero erwiesen sich jedoch überall als widerspenstig, da sie auf ihre afrikanische Herkunft und deren Stammeskultur stolz waren und alle Neuerungen mit dem größten Mißtrauen betrachteten.

Die erste europäische Stadt in Namibia entstand um ihren geschütztesten, natürlichen Hafen. Hier eröffnete der deutsche Kaufmann Adolf Lüderitz 1883 ein Geschäft, das mit dem ständig wachsenden Überseehandel Schritt halten sollte. So entstand der Name Lüderitzbucht. Da die Zwistigkeiten unter den Einheimischen dem Geschäft zu schaden drohten, ersuchten die deutschen Lüderitzbuchter Fürst Otto von Bismarck um Protektion. Diese war bald gewährt, auch die deutschen Behörden ließen nicht lange auf sich warten, so daß nach bereits zwei Jahren mit Ausnahme der von den Engländern verwalteten Küstenenklave von Sandwich-Hafen bis zum Swakop River das gesamte heutige Namibia in deutscher Hand war.

Unter Deutschlands Schutz wuchs die Zahl der weißen Farmer, die ihren Einfluß auch in den traditionellen Weidegebieten der Nama und Herero geltend machten. Nachdem sie obendrein Steuern zu entrichten hatten, wuchs die Unzufriedenheit dieser schwarzen Stämme. Gegen Ende 1903 hielt sich der größte Teil der kolonialen Schutztruppe wegen eines Aufstandes unter den Nama im Süden auf. Häuptling Kamaherero hatte auf eine solche Gelegenheit gewartet, und im Januar 1904 erhoben sich im Norden überall die Herero. Zahlreiche, blutige Kämpfe folgten, wobei die

GANZ OBEN *Verschiedene Safari- und Reisegesellschaften bieten Fahrten durch die herrliche Wildnis des Landes. Es bleibt den Besuchern überlassen, ob sie dem Großwild des Etoscha-Nationalparks eine Stippvisite abstatten oder mit Vierradantrieb die eindrucksvolle Wüstenlandschaft genießen wollen.*

MITTE *Um viele der Mineralquellen Namibias entstanden Kurorte mit*

Hallenbad, Einzelbädern und Gelegenheiten, sich im Freien zu entspannen. Das hier abgebildete Groß Barmen wurde in der Mitte des neunzehnten Jahrhunderts als Rheinische Missionsstation gegründet. Nachdem es während der damaligen Stammeskriege mehrmals ausgeplündert worden war, gab man es endgültig auf.

UNTEN *Der erstaunliche Baobab gedeiht im Norden Namibias. Ihren außergewöhnlich dicken Stamm – manche Prachtexemplare haben einen Umfang von bis zu 28 Metern – höhlte man bereits häufig aus, so daß er als Wohnung, Gefängnis, Proviantraum und sogar Buschtoilette Dienst tat.*

Herero häufig von ihren früheren Feinden, den Nama, unterstützt wurden. Ihr Widerstand erwies sich jedoch als sinnlos, und als 1905 endlich der Friede eintrat, waren bis zu 80 Prozent der Herero und Nama gefallen.

Während des Ersten Weltkriegs griff Südafrika das Land an und zwang es zur Kapitulation. Nach dem Versailler Vertrag im Jahre 1919 vergab der Völkerbund das Mandat für dieses Gebiet an Südafrika. Somit sollten ehemalige deutsche Kolonien, "deren Einwohner noch nicht selbständig waren" die Protektion anderer, "fortschrittlicherer" Länder erfahren.

1925 gewährte man der zahlenmäßig geringen, weißen Bevölkerung zwar die Selbstverwaltung, jedoch mit Einschränkungen. Als 1948 in Südafrika die Nationale Partei an die Macht kam, erzwang sie auch in Namibia eine Politik der Rassentrennung. Die Vereinten Nationen versuchten durch verstärkten Druck auf Südafrika die Unabhängigkeit Namibias herbeizuführen, doch wurden alle Anträge mit der Begründung abgelehnt, ein solcher Schritt widerspäche den Bedingungen des ursprünglichen Mandats.

In den 1960er Jahren ließ sich der Ruf *uhuru* (Freiheit) aus Kolonialafrika auch in Namibia hören. Unter den Ovambo bildete sich die South West African People's Organization (Swapo). Bald begann der an marxistischen Richtlinien geschulte, radikale Flügel der Swapo den Guerillakrieg gegen die das Ovamboland besetzenden südafrikanischen Truppen. Nach der fluchtartigen Abreise der Portugiesen aus Angola brach 1975 dort der Bürgerkrieg aus. Das südafrikanische Militär eilte zur Unterstützung der antimarxistischen Unita-Truppen herbei, während die Kubaner sich auf die Seite der MPLA-Regierung schlugen.

Da der Druck aus dem Ausland in gleichem Maße wie die internen Zwistigkeiten zunahm, vertrat von 1978 eine Übergangsregierung die Interessen der bündnisfreien ethnischen Gruppen. Diese als Democratic Turnhalle Alliance (DTA) bekannte Organisation gilt heute als der stärkste politische Gegner der Swapo.

Im selben Jahr verabschiedete der Sicherheitsrat der Vereinten Nationen die Resolution 435, den Entwurf, der zu Namibias Unabhängigkeit führen soll. Südafrika verlangte aber den völligen Rückzug kubanischer Truppen aus Angola, ehe man die Unabhängigkeit Namibias in Erwägung ziehen würde. Anfang 1988 waren die feindlichen Parteien in Angolas Bürgerkrieg in eine derartige Sackgasse geraten, daß sich endlich die Feder mächtiger als das Schwert erwies. Seitdem war die Welt Zeuge, während Swapo, Südafrika, Unita, die MPLA, Kuba, die Sowjetunion und die Vereinigten Staaten sich regelmäßig berieten, um das langwierige politische Durcheinander des Gebiets zu entwirren. Endlich war die Bahn für die ersten demokratischen Wahlen des Landes frei.

Mit seinen reichen Bodenschätzen, vor allem Diamanten und Uran, dem erstaunlichen Wildreichtum und den riesigen Naturschutzgebieten lockt das neue, unabhängige Namibia nicht nur ausländische Kapitalanleger, sondern auch Besucher, die teilweise schon seit Jahrzehnten die einmaligen Sehenswürdigkeiten dieses Landes zu schätzen wissen.

GANZ OBEN *Die entlegene Feste Namutoni am Rande des sumpfigen Ovambolandes beherbergte die Schutztruppe während der deutschen Kolonialzeit. Nachdem Ovambokrieger sie überfallen und geplündert hatte, wurde sie von den Deutschen zurückerobert und wieder aufgebaut. Heute befindet sich hier das bedeutendste Rastlager des Etoscha-Nationalparks.*

MITTE *Die Ovambo, die größte Volksgruppe des Landes, sind äußerst geschäftstüchtig. In Katima Mulilo warten fahrbare Würstchenbuden und handgeschnitzte Andenken auf den Besucher.*

UNTEN *Im rauhen Kaokoveld führen die Himba ein entbehrungsreiches Leben, das sich seit Urzeiten nicht geändert hat. Die größtenteils noch unbekannte Kultur der Himba*

berührte die Neuzeit bisher kaum.
UMSEITIG *Beim Sonnenuntergang treten die Umrisse der Baumaloen im sogenannten Köcherbaum-Wald bei Keetmanshoop besonders scharf hervor. Sie verdanken ihren Namen frühen Reisenden, die beobachteten, daß die Jäger der San und Khoi-Khoin die weichen Äste dieser merkwürdigen Pflanze aushöhlten, um sie als Köcher für ihre Pfeile zu verwenden.*

GANZ OBEN *Kaptäubchen kommen
in der Halbwüste und anderen ariden
Gebieten Namibias häufig vor.*

OBEN *In der trockenen Baumsavanne,
an strauchbestandenen Abhängen und
von Bäumen gesäumten Gewässern
des ariden Westens zeigen die
vorüberschwirrenden Rosenpapageien
gewöhnlich die Richtung zur nächsten
Quelle an.*

LINKS *Im Laufe der Jahrtausende,
während sich die Erdkruste hob und
senkte, hat sich der Fischfluß ein fast
waagerechtes Bett in das Grundgestein
des zweittiefsten Cañons der Welt
gefressen.*

OBEN *Die Wildpferde im Sperrgebiet der Namib stammen von den Kavalleriepferden ab, die man während des Ersten Weltkriegs freiließ, nachdem sich die Deutschen den Südafrikanern ergeben hatten. Dank eines Brunnens, den die hier zuständige Minengesellschaft einrichtete, konnten die Tiere trotz einer unfreundlichen, oft wasserlosen Umwelt überleben.*

LINKS *Der Sandstein des Mukorob oder Gottesfingers leuchtet durch die Abenddämmerung. Da der "Finger" vor kurzem abbrach, liegt um den Sockel nur noch Schutt. Meistens nimmt man Verwitterungserscheinungen ob ihres langsamen Fortschreitens kaum wahr, doch gelegentlich erinnern Ereignisse, wie das plötzliche Ende des Mukorob, an die unabläßliche Tätigkeit der Natur.*

OBEN *Den Bogenfels können nur wenige bewundern, da er sich an der Küste des Sperrgebiets befindet. Der Dolomit, aus dem er gemeißelt wurde, entstand vor 600 Millionen Jahren am primordialen Meeresboden, und jetzt fordert der gierige Ozean sein Eigentum zurück.*

LINKS *Durchschnittlich 50 Tage im Jahr hüllt die Skelettküste dichter Nebel ein. Viele Boote und Schiffe, doch vor allem Fischkutter, strandeten bereits an dieser fürchterlichen Küste, worauf die unsteten Wanderdünen ein Übriges tun.*

OBEN *Oryxantilopen haben sich ihrer rauhen Umwelt vorzüglich angepaßt, ihr glänzendes Silberfell reflektiert nicht nur das Sonnenlicht, denn obwohl sie eine wesentlich höhere Bluttemperatur als andere Tiere vertragen, kühlt auch ein Gefäßnetz ihr Blut, ehe es dem Gehirn zugeführt wird. Zudem kommen sie sehr lange ohne Wasser aus und können ihren Flüssigkeitsbedarf an den im Sand gedeihenden Melonen decken. Ebenso vermögen sie sich eigenartigerweise durch einen schnellen Galopp in der Mittagshitze abzukühlen.*

RECHTS *Im Schutt der Namib gedeihen wenige Pflanzen, von riesigen Kameldornakazien und winzigen, im allgemeinen unbemerkten Flechten abgesehen. Die Namib zählt zu den bedeutendsten Flechtengürteln der Welt, und diese aus Flechtenalgen und -pilzen gebildeten Pflanzen sind für einige Wüstentiere eine wichtige Nahrungsquelle.*

UMSEITIG *Die graue Kameldornakazie scheint sich dem unvermeidlichen Anmarsch dieser Sicheldünen trotzig entgegenzustellen. Die Bäume, die man in der Namib bemerkt, säumen die sich ständig verlagernden Wasserläufe, wo ihre Wurzeln unterirdisches Dauerwasser finden.*

OBEN *Dank ihrer stoßartigen Bewegungen, die sie übrigens mit allen im Sande lebenden Schlangen teilt, gleitet die Hornviper flink über den losen Sand. Durch ihre sandfarbenen Schuppen ist sie zudem vorzüglich getarnt. Ist sie auf der Lauer, sieht man nur ihre hervorstehenden Augen, da sie den Körper im Dünensand verbirgt.*

RECHTS *Wanderdünen branden in rascher Folge über das "Sandmeer" der Namib. Die geschwungenen Kämme dieser Dünen bei Sossusvlei erheben sich wie in der Bewegung erstarrte Wellen aus der Ebene.*

UMSEITIG *Eine einsame Stammsukkulente im kargen Erdreich des Namib-Naukluft-Parks. Im südlichen Afrika kennt man ungefähr 200 Arten dieser besonderen Gattung. Die Pflanzen verfügen über zurückgebildete Blüten und nur wenige Blätter, während ihr Milchsaft den Einheimischen das Gift für ihre Pfeilspitzen liefert, jedoch auch als Heil- und Zaubermittel geschätzt wird.*

OBEN *Warnechsen bewohnen die Halbwüsten Namibias. Diese recht primitiv wirkenden Tiere können über einen Meter lang werden. Bei Gefahr peitschen sie wütend mit dem Schwanz um sich oder verbeißen sich einer Bulldogge gleich.*

LINKS *Ein äußerst ungewohnter Anblick: fließendes Wasser in der Namib. Dieser Bach im Namib-Naukluft-Park war einem Wolkenbruch zu verdanken. Bald wird er jedoch versiegt sein, dann überwiegt abermals die Trockenheit.*

UMSEITIG *Flamingos, die schönsten Wandervögel der Subsahara, ernähren sich an den wenigen Lagunen und flachen Buchten der Küste. Beim Fressen waten sie mit umgekehrtem Schnabel durch das Wasser, um so wirbellose Tiere und Algen abzuseihen.*

OBEN *Die knorrige, verwehte Gestalt dieser Kameldornakazien läßt über die brutale Härte des Lebens in den ariden Gebieten Namibias keinen Zweifel.*

RECHTS *Der Köcherbaum, der eine Höhe von ungefähr sieben Metern erreichen kann, ist ein auffallendes Wahrzeichen der Wüstenlandschaft und erregte bereits das Interesse früher Forschungsreisender.*

UMSEITIG *Die Spitzkoppe entstand, als ein Lavastrom vom Erdinnern in die Erdkruste einbrach. Hier kühlte die Gesteinsmasse langsam ab. Nachdem die ihn umgebende Schicht verwittert war, wurde der gewaltige Granitstotzen allmählich sichtbar, während der konzentrische Gesteinsverfall ihm seine Kegelform verlieh.*

LINKS *In einer Landschaft, die sich nur weniger Vegetation erfreut, wird jede Welwitschia zum Ökosystem. Ein Insekt, das von der Pflanze vollkommen abhängig ist, während es diese wiederum bestäubt, ist der Welwitschia-Käfer (Odontopus sexpunctatus). An der roten Gestalt erkennt man den ausgewachsenen Käfer, während die gelbe die Larven auszeichnet. Für den Botaniker ist die Welwitschia faszinierend, da sie das Bindeglied zwischen Pflanzen, die Zapfen und denen, die Blüten bilden, herstellt.*

UNTEN LINKS *In den trockenen, felsigen Gebieten Namibias halten sich gerne vielfältige Geckos, Skinke und Agamen auf. Besonders die felsige Umwelt am Brandberg sagt dieser Agama planiceps zu.*

UNTEN *In den ariden Gebieten Namibias schuf die mechanische Verwitterung durch Wind und zerstörerische Sturzfluten eigenartige Gesteinsformationen. Vingerklip (die "Fingerklippe") bei Xhorixas im Damaraland blieb als einsame Nadel nach intensiver Gesteinszersetzung zurück.*

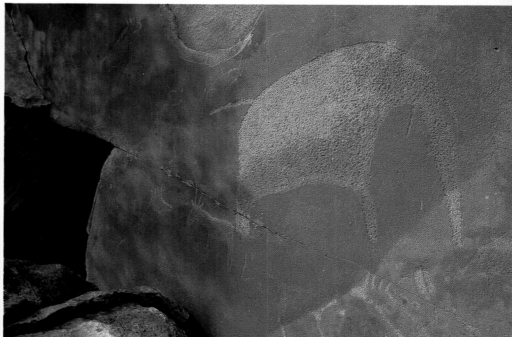

GANZ OBEN *Die sogenannte Weiße Dame des Brandbergs stellt nach neueren Erkenntnissen einen jungen Schwarzen dar, dessen Körper aus rituellen Gründen mit weißer Farbe eingerieben wurde.*

OBEN *Die herrlichsten Felsgravierungen im südlichen Afrika entdeckt man auf Felsblöcken, die sich von Felsvorsprüngen gelöst haben.*

LINKS *Am Verbrannten Berg bei Xhorixas im Damaraland bemerkt man diese Felsen, die den unpassenden Namen "Orgelpfeifen" tragen.*

UMSEITIG *Ein Schabrackenschakal trabt auf der Suche nach Aas, Vogeleiern und unbewachten Nestlingen um eine Lagune der Skelettküste.*

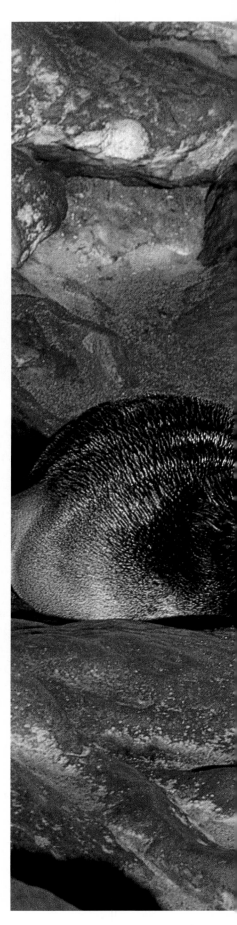

GANZ OBEN *Fast die Hälfte aller Brutkolonien des Brillenpenguins befinden sich auf Inseln vor der Namibiaküste. Die kommerzielle Ausbeutung der Fischereizone, sowie Umweltverschmutzung dezimierten aber den Bestand entschieden. Nachts oder bei Nebel hört man ihren an Eselsgeschrei erinnernden Ruf.*

OBEN *Für Blattfresser wirken die Stacheln und spärlichen Blättchen dieser Pflanze eher abstoßend, doch vermehrt sie sich, da ihre einzelne Blüte Insekten zur Bestäubung herbeilockt.*

RECHTS *An der südwestafrikanischen Küste gibt es 24 Brutkolonien der Kap-Pelzrobbe. Die Bullen steigen Mitte Oktober an Land, um sich ihren eigenen Harem zu erkämpfen. Die ersten, pechschwarzen Jungen werden Ende November, Anfang Dezember geboren.*

OBEN, OBEN RECHTS und RECHTS *Schiffsbrüchige haben an der Küste Namibias, wo hier der eisige Atlantik und dort die grausame Namib ihrer harrt, wenig Hoffnung auf Rettung. An der Skelettküste wechseln sich Wracks mit dem verblichenen Gebein der Robben, Wale und Menschen an dem sonst eintönigen Strand ab. Alles Strandgut wissen aber die an Entbehrungen gewöhnten Wüstentiere zu schätzen. Wird ein Wal an den Strand getrieben, kann man sogar Löwen an diesem Kadaver fressen sehen, selbst wenn das Fleisch in der glühenden Sonne schon gänzlich verwest ist.*

UMSEITIG *In der Dämmerung, die den Tag von der Nacht trennt, sollen eigenartige Dinge geschehen. Jetzt kommt es auf die List des Jägers und der Beute an. Vor dem feurigen Sonnenuntergang weckt die Silhouette einer Giraffenherde bereits die Ahnung der bevorstehenden Angst und Unruhe.*

OBEN *Die Erdhörnchen, die man im Etoscha-Park am Wegrand eifrig an Samen und Grashalmen nagen sieht, sind bei allen Autofahrern beliebt. Oft kommen sie dicht an die Fahrzeuge heran, da die Erfahrung sie gelehrt hat, daß man von diesen wunderlichen Tieren etwas zum Fressen bekommt. Indem man Wildtiere füttert, spricht man aber fast das Todesurteil über sie aus, da sie so von der Fütterung gänzlich abhängig werden. Sobald sie ausfällt, sind die Tiere viel eher dem Tode geweiht, als unter natürlichen Bedingungen.*

OBEN LINKS *Den Leoparden, den scheuen, vorwiegend nachtaktiven Einzelgänger, sieht oder hört man nur selten. Im Etoscha-Nationalpark und anderen Landstrichen des ariden Westens jedoch, wo es wenig Baumbestand gibt, nimmt man manchmal bei hellem Tageslicht jagende Leoparden wahr.*

LINKS *Der ungefähr eineinhalb Meter große Sattelstorch gehört zu den größten und schönsten Vögeln der Sumpfgebiete Namibias. Während sie langsam durch den Schlamm flacher Binnengewässer waten und diesen aufwühlen, können sie Fische, Frösche, Weich- und Schalentiere, Reptilien, Vögel, sogar kleine Säugetiere erhaschen.*

RECHTS *Die Zwergrüsselantilope zählt zu den kleinsten ihrer Art im südlichen Afrika. Mit ihrer äußerst beweglichen Nase kann sie auf der Nahrungssuche die Luft in alle Richtungen erkunden. Besondere, unterhalb der Augenhöhlen sichtbare Drüsen scheiden ein klebriges Sekret aus, das dem Tierchen zur Markierung seines Reviers dient.*

UNTEN *Trotz ihrer Stärke und Größe sind Kampfadler scheue Vögel, die den Menschen meiden. Ihre Beute besteht aus Wild- und Wasservögeln, sowie aus großen Reptilien und Säugetieren, wie Ziegen, kleinen Antilopen, Hasen und Mangusten. In den meisten Schutzgebieten kommen sie häufig vor, werden jedoch wie fast alle anderen großen Raubvögel von Farmern gejagt und vergiftet.*

OBEN *Die nachtaktive Weißgesichteule ernährt sich vorwiegend von Nagetieren, ist aber auch kleinen Vögeln, wie diesem unglücklichen Blutschnabelweber, nicht abgeneigt.*

LINKS *Kleine Bienenfresser halten sich in der offenen Baumsavanne und an Flußläufen auf. In Namibia ist ihr Habitat auf die Feuchtsavanne des Caprivizipfels beschränkt.*

GANZ LINKS *Ein ausgewachsener Elefantenbulle verbraucht bis zu 100 Litern Wasser am Tag, um damit die circa 200 Kilogramm Gras und Blätter hinunterzuspülen, die er innerhalb 16 bis 18 Stunden verzehrt.*

"Schrippelchen"

OBEN *Löwinnen sind im allgemeinen erfolgreicher auf der Jagd als ihre Partner, doch auch wenn sie die Beute zur Strecke bringen, verlangt der Löwe, zuerst zu fressen.*

OBEN RECHTS *Sobald sie geschlechtsreif sind, müssen junge Löwen wie der hier abgebildete, der an einem frischen Giraffenkadaver schmaust, das Rudel verlassen. Die männlichen Verwandten schließen sich darauf bei der Jagd zu Junggesellenrudeln zusammen, die sich auch oft nicht trennen, wenn sie bereits Partner gefunden haben. Die Zusammensetzung des Rudels kann sich im Laufe der Jahre entschieden ändern, gewöhnlich infolge der internen Machtkämpfe oder der Ankunft anderer, von ihrem Rudel verstoßener Tiere.*

RECHTS *Löffelhunde sind die friedlichsten aller Raubtiere, da ihre Nahrung zu circa 75 Prozent aus Termiten, Käferlarven und in geringerem Maße aus Skorpionen, kleinen Eidechsen, Nagetieren und manchen wilden Früchten besteht. Mit auf den Boden gerichteten, großen Ohren streifen sie durch ihr Revier, warten auf das unterirdische Geräusch eines Insekts und fangen sofort eifrig an zu graben.*

OBEN Goldbugpapageien entdeckt man
nicht leicht in den Wipfeln der hohen
Bäume, in denen sie sich mit Vorliebe
in kleinen Gruppen aufhalten. Beim
Fressen kann man ihre gelben
Schmuckfedern nicht übersehen und
erkennt sie auch an ihrer schrillen,
hohen Stimme. Wenn eine Gruppe
gestört wird, gleitet sie im schnellen
Tiefflug gerade auf den nächsten
Ruheplatz zu.

LINKS Die Springböcke sind bei weitem
die zahlreichsten großen Säugetiere im
Etoscha-Nationalpark, bei der letzten
Zählung waren es ungefähr 26 000.
Früher war der Bestand dieser Tiere der
Trockensavanne jedoch noch wesentlich
größer, und man hört von den Zügen
der Planwagen, die tagelang
aufgehalten wurden, um riesige Herden
der "Trekbokken" vorüberziehen zu
lassen. Ihre Wanderungen richteten
sich nach den Niederschlägen dieses
ariden Gebietes, doch Zäune und
wahlloses Jagen schränkten ihre
natürlichen Wanderzüge ein.

OBEN *Der flugunfähige Strauß ist der größte aller lebenden Vögel.*
Er ernährt sich hauptsächlich von Insekten und Pflanzen, während kleine Steine
und Kiesel, die er verschluckt, ihm bei der Verdauung helfen. Alle Nahrung
sammelt sich in seiner Kehle, bis sie endgültig in Form eines großen Balles, der sein
Halsfell sichtbar dehnt, verschluckt wird.

LINKS *Streifengnu- und Springbockherden weiden im süßen Gras am Rande der*
Etoschapfanne, dem "Ort des trockenen Wassers". Etoscha gehörte einst zu einem
gewaltigen See, den zahlreiche, nach Süden fließende Flüsse speisten, und der fast
das gesamte Nordnamibia bedeckte. Infolge der Vulkantätigkeit änderten die Flüsse
ihren Lauf nach Westen und Osten. So entstanden neue Einzugsgebiete, Seen und
Binnendeltas, während die alten langsam austrockneten.

OBEN *Die ständig wachsende Bande gut ausgerüsteter Wilddiebe schätzt besonders das Spitzmaulnashorn als Beute. Die Hörner dieser Tiere erzielen außergewöhnlich hohe Preise in Nord-Jemen, wo sie als Griff traditioneller Dolche dienen, und im Fernen Osten, wo man sie als Aphrodisiakum schätzt. Tatsächlich enthalten die Hörner dieselben Substanzen wie das Haar, nämlich Keratine. Ein kühner Plan der entsprechenden Behörden in Namibia soll jetzt die wenigen, verbleibenden Spitzmaulnashörner retten: man entfernt ihre Hörner.*

LINKS *In bezug auf ihre Höhe kann sich kein Tier der Erde mit der Giraffe messen, die größten Exemplare erreichen eine Höhe von über fünf Metern. Damit das Blut in ihre erhabenen Köpfe gelangt, haben sie auch unter allen Tieren den höchsten Blutdruck. Trotzdem brauchen sie in den Halsschlagadern besondere Klappen, um den Blutkreislauf zu regulieren, sonst würde, wenn sie beim Trinken den Kopf senken, ihr Gehirn bersten.*

UMSEITIG *Das Streifengnu braucht täglich Trinkwasser, um leben zu können. Da der Mensch die natürlichen Wanderstraßen des Streifengnus abgeschnitten hat, sind die Tiere in Etoscha-Nationalpark während der Trockenzeit von künstlichen Brunnen abhängig.*

OBEN *Einer der interessanteren Vertreter aus Namibias vielfältigen Vogelwelt ist die Gackeltrappe: das Männchen, hier in Ruhestellung, vollführt während der Balz einen beeindruckenden luftakrobatischen Flug in die Höhe, um sich danach langsam zur Erde zurückgleiten zu lassen, wobei es einen charakteristischen rauhen Ruf ausstösst.*

OBEN LINKS *Das Kaokoveld ist eine unwirtliche, rauhe Gebirgslandschaft, die kaum höhere Niederschläge als die Namib verzeichnen kann. Hier halten sich die Himba mit Vorliebe am Kunene auf, dem einzigen perennierenden Fluß dieses Landstriches. Ihre Weidegebiete liegen jedoch in der entlegenen Wildnis.*

UMSEITIG *Zwei junge Elefanten im ariden Kaokofeld drängen sich während eines Sandsturms aneinander. Dank der im allgemeinen trocknen Flußläufe dieser Landschaft vermögen die Elefanten auch in der Halbwüste Namibias zu leben, denn die an den trocknen Flußbetten gedeihenden Wilden Feigen, Ebenholz, Kameldornakazien und anderen großen Bäume können sie das ganze Jahr ernähren. Die ausgewachsenen Elefanten lehren ihre Jungen, so lange mit den Stoßzähnen im Flußbett zu graben, bis sie auf den Grundwasserspiegel stoßen.*

OBEN *Ehe er seine Geschiebe- und Geröllfracht im Binnendelta des nordwestlichen Botswanas absetzt, fließt der Okawango im Caprivizipfel Namibias über die Popa-Stromschnellen.*

GANZ LINKS *Die Abenddämmerung senkt sich im Caprivizipfel über den Okawango, ein immer wieder eindrucksvolles, überwältigendes Erleben der Wildnis.*

LINKS *Baumhörnchen kommen nur in der Savanne und den subtropischen Wäldern des südlichen Afrika vor, Etoscha liegt an der Südwestgrenze dieser Landschaft. Es macht immer wieder Spaß, sie beim Fressen und Spielen zu beobachten, da ihre Energie und Akrobatik keine Grenzen zu kennen scheint.*

Der nordöstliche, an Botswana grenzende Teil des
Landes heißt Buschmannland. Es liegt am Westrand
der großen Kalahari, die sich von hier durch
Botswana bis an die Westgrenze Südafrikas erstreckt.
In der Kalahari fanden die San oder Buschmänner
die letzte Zuflucht. Diese Steinzeitmenschen
bewohnten als Jäger-Sammler einst das gesamte
südliche Afrika. Als sich hier schwarze und weiße
Farmer ansiedelten, machte man Jagd auf sie und
vertrieb sie aus den fruchtbareren Gebieten.
Ihre Kultur ist äußerst gefährdet, da diese
ausgezeichneten Fährtenleser und Jäger immer mehr
die Wildnis verlassen, um an Farmen, Feldlagern
und von den Behörden erstellten Brunnen seßhaft zu
werden. Wie es bereits bei vielen alten Kulturen der
Fall war, löst sich auch hier die Sozialstruktur auf,
und sie erliegen dem Alkohol und der Prostitution.